INVENTAIRE
G 22,677

Monsieur Royer-dée, missionnaire.

G

22677

PETITE HISTOIRE DES NAUFRAGES.

Paris. Imprimerie de Guillois et Cⁱᵉ, rue du Cadran, 9.

Le Capitaine Houiste et ses compagnons.

PETITE HISTOIRE

DES

NAUFRAGES.

Par CLOVIS DETRANCHANT.

PARIS.
A. FONTENAY, LIBRAIRE,
6, rue Montmorency.

DE BURE et Ce, 19, rue du Battoir. | AUBERT et Ce, place de la Bourse.

UN MOT A MES JEUNES LECTEURS.

Parmi cette immense quantité d'ouvrages que la librairie étale à vos regards pour exciter votre ardente curiosité, mes jeunes amis, il s'en rencontre un bien petit nombre qui puissent être utilement placés entre les mains de la jeunesse. On peut même dire que, pour vous, le choix en est impossible, sauf quelques rares exceptions; car la plupart des ouvrages qui surgissent chaque jour de la plume de nos écrivains modernes, sont entachés d'un caractère tel qu'il serait réellement dangereux de vous les confier, car à votre âge le cœur est si prompt à s'ouvrir aux funestes impressions !

Sans doute, il faut enrichir vos esprits et orner vos jeunes mémoires de toutes les choses qui peuvent étendre les nobles facultés intellectuelles que Dieu vous a données, mais aussi il ne faut pas perdre de vue que de cette instruction dépend tout votre avenir, et, par conséquent, que les matières qui doivent nourrir vos cœurs ne peuvent jamais être choisies avec trop de soin et de sévérité.

Ce qu'il importe pour vous surtout, c'est de connaître les grandes et généreuses actions de ceux qui vous ont devancés dans la vie, et particulièrement le noble et sublime dévouement des hommes qui n'ont pas craint d'exposer leur vie pour enrichir le domaine du progrès, de la civilisation et de la fortune publique.

A cet égard, l'histoire des naufrages est digne de toute votre sympathie; car elle met en évidence le spectacle des vertus les plus recommandables, exercées par des hommes dont les travaux ont eu pour but et pour résultat de doter leur patrie de tout ce qui peut agrandir sa prospérité et son bien-être.

D'un autre côté, l'histoire des naufrages est une des lectures les plus attachantes par l'intérêt qui la caractérise, et je ne doute pas, mes amis, que vous ne vous plaisiez à lire et à relire les touchants épisodes que réunit ce petit ouvrage qui vous est destiné.

Il est vrai qu'il y a loin de cet abrégé au récit de tous les naufrages, mais je suis certain qu'il vous sera plus utile que ces longs volumes qui ne peuvent convenir ni à votre âge, ni à vos goûts. Vous amuser et vous instruire, voilà ce qui vous convient : je crois avoir atteint ce double but.

Un jeune enfant annonçant à Henri 1er le naufrage de la Blanche-nef.

Naufrage des enfants de Henri Ier, roi d'Angleterre, et de la fleur de la noblesse de ce prince, en 1120, près de Barfleur.

Henri Ier, roi d'Angleterre, après avoir conclu la paix avec Louis-le-Gros, roi de France, voulut retourner en son royaume dont il était absent depuis quatre années. A cet effet, il se rendit en 1120, suivi de sa famille et de sa cour, sur le port de Barfleur, en Normandie, où l'attendait la flotte qu'il avait fait préparer pour son voyage.

Au moment où le roi se disposait à donner e signal du départ, un marin, nommé Thomas, se jetant aux pieds du monarque, lui présenta un marc d'or, et lui adressa ces paroles :

« Sire, Étienne, mon père, a toute sa vie servi le vôtre sur mer ; ce fut lui qui transporta au rivage d'Angleterre le bon duc Guillaume quand il alla, avec l'aide de Dieu, entreprendre la conquête de ce pays. Seigneur roi, je vous supplie de me donner en fief le même office ; j'ai pour votre service royal un vaisseau neuf que l'on appelle *la Blanche-Nef*, parfaitement équipé et manœuvré par cinquante rameurs habiles.

— J'ai choisi le navire que je dois monter, répondit Henri, et je ne le changerai pas ; mais, pour faire droit à ta requête, je confie à ta garde et à ta conduite mes deux fils, Guillaume et Richard, et ma fille, Adèle, que j'aime tout comme moi-même, avec un grand nombre de chevaliers et mon trésor. »

Le navire du roi quitta le premier le port par un vent du sud ; il aborda à Northampton le lendemain matin. Mais *la Blanche-Nef*, dont les matelots noyèrent dans le vin la joie de l'honneur qu'ils venaient d'obtenir, ne partit que quelques heures plus tard, et lorsqu'on mit à la voile, tout son équipage était plongé dans l'ivresse; fatale imprudence qui fut suivie des suites les plus funestes!

Cependant, Thomas donne le signal du départ; *la Blanche-Nef* s'élance rapide et joyeuse sur le vaste océan, au bruit des acclamations de tout l'équipage. Mais, tout à coup un bruit terrible se fait entendre et fait succéder la terreur à la joie; *la Blanche-Nef* vient se briser contre un rocher presqu'à fleur d'eau. On pense que c'est celui qui porte aujourd'hui le nom de Quille-Bœuf, et dont la tête ronde et blanche apparaît à mi-marée.

Alors un cri de détresse et de désespoir retentit jusqu'au rivage. L'effroi couvre tous les fronts, et la mort se présente de toutes parts, hideuse et inévitable. En ce moment, Thomas se rappelle la haute responsabilité dont il est chargé. Il cherche partout le fils aîné du roi Henri, et lorsqu'il l'a rencontré, il le saisit et le transporte au fond d'une chaloupe qu'il fait voler sous les coups vigoureux et redoublés de ses avirons. Mais soudain Guillaume entend la voix de sa sœur Adèle; il voulut retourner pour la sauver avec lui, et lorsque la barque qu'il montait fut tout près du navire submergé, tous les passagers s'y précipitèrent à la fois et la firent chavirer.

Tout disparut sous es ondes de la mer, excepté trois personnes parmi lesquelles se trouvait Thomas.

« Qu'est devenu le fils du roi ? s'écria le pauvre marin en dressant la tête au dessus de l'eau.

— Il a disparu comme les autres, répondit une voix.

— Ah ! malédiction sur moi ! » murmura Thomas ; puis il disparut dans l'abime où il alla rejoindre ses compagnons d'infortunes.

Le lendemain un grand nombre de cadavres mêlés aux débris de *la Blanche-Nef* flottaient près du rivage de Barfleur.

Le roi Henri attendait l'arrivée de sa famille, mais lorsqu'il vit que le jour s'écoulait et que *la Blanche-Nef* n'arrivait pas, l'inquiétude s'empara de son âme ; il consulta du regard et de la pensée tous ceux qui l'entouraient, et il ne tarda pas à remarquer qu'un grand malheur était arrivé et que lui seul l'ignorait encore. Personne n'osait lui annoncer une si triste nouvelle !

Alors un jeune enfant se chargea de cette pénible mission. Il se jeta aux genoux du monarque en pleurant, et d'une voix tremblante d'émotion, lui adressa ces terribles paroles, paroles bien déchirantes pour le cœur d'un père !

« Sire, vos enfants et tous ceux qui les ont accompagnés ne paraîtront plus à vos yeux. Ils ont trouvé la mort au sein des flots de la mer, et ils sont maintenant au ciel où ils prient pour votre majesté. »

A ces paroles, le roi, comme frappé d'un coup mortel, tomba à terre en poussant des cris de douleur et de désespoir. Plusieurs jours il fut inconsolable dans sa douleur. Il ne cessait d'appeler à grands cris ses trois enfants, en les nommant tour à tour.

On dit, qu'à dater de ce jour on ne vit plus jamais le sourire paraître sur les lèvres de l'infortuné monarque.

Désastre de la flotte de l'empereur Charles-Quint, dans une expédition contre Alger; en 1541.

———

Autrefois, alors que la valeur des armes françaises n'avait pas encore soumis à sa puissance les plages africaines, l'ancienne Numidie, patrie de saint Augustin, les habitans de ces riches contrées, devenus barbares après avoir été jadis le peuple le plus civilisé du monde, s'adonnaient au vil métier de pirates. Des hommes presque sauvages, qu'on désignait sous la flétrissante dénomination d'*écumeurs-de-mer*, parcouraient les côtes européennes sur lesquelles ils exerçaient les actes du plus cruel brigandage, emportant non seulement les richesses qu'ils pouvaient voler sur leur passage, mais encore les hommes, les femmes et les enfants qu'ils vendaient comme des animaux, pour en faire des esclaves soumis aux plus durs travaux.

L'empereur Charles-Quint, ce grand conquérant qui fut le Napoléon de l'Espagne, conçut la pensée de délivrer la chrétienté des ravages et des déprédations de ces barbares qui portaient la terreur de toutes parts. Ce grand guerrier avait déjà signalé sa valeur par une expédition en Afrique. Il avait rétabli sur le trône de Tunis, Moley-Assan, vassal de l'Espagne, dépossédé par Barbe-Rousse.

Alger était le réceptacle des pirates. Charles-Quint résolut donc de s'emparer de cette ville et d'exterminer cette race de voleurs, ennemis du nom chrétien.

Alors, l'empereur ordonna à l'Espagne et à l'Italie d'équiper une flotte destinée à l'exécution de son entreprise. Parmi tous les hommes de bonne volonté qui se présentèrent, on comptait Fernand-Cortès, le célèbre conquérant du Mexique, et ses trois fils.

Le pape Paul III et André Dacia, l'homme le plus célèbre de ce temps-là, pressentant sans doute les malheurs et l'insuccès de cette entreprise, voulurent en détourner l'empereur, mais ce prince persista dans son dessein et l'expédition commença.

La navigation fut longue et pénible; cependant le 26 octobre, Charles-Quint descendit près de la ville d'Alger vers laquelle il marcha sans retard. Les attaques des Algériens furent vaillamment repoussées par l'infanterie espagnole soutenue par l'artillerie de la flotte composée de soixante-dix galères et de plus de cent bâtiments de moindres dimensions.

Mais au moment où l'empereur commençait à former les plus belles espérances de succès, une terrible tempête souleva les flots de la mer, les navires se brisèrent les uns contre les autres. En moins d'une heure, quinze vaisseaux de guerre et cent soixante bâtiments périrent: huit mille hommes furent ensevelis sous les eaux, et la plupart de ceux qui échappèrent à ce désastre furent impitoyablement massacrés par les Arabes.

Dans cette cruelle alternative, l'empereur Charles-Quint donna l'exemple du plus grand courage et du plus rare désintéressement. Il se privait de tout pour le soldat, et fit tuer ses chevaux pour nourrir son armée.

L'expédition était manquée. Charles-Quint ordonna la retraite. Il rassembla tous ses compagnons d'armes, et après avoir disposé toutes choses pour le plus grand avantage et pour la plus grande sécurité des hommes, il mit ses troupes en marche. Dans cette pénible retraite les calamités semblèrent se multiplier et naître à chaque pas des débris de l'armée. La plupart tombaient de faim et de lassitude dans les torrents grossis par les crues de chaque instant. Les soldats n'avaient pour nourriture que des herbes et des racines, ou la chair des chevaux que l'on avait tués.

Cependant on arriva sur le rivage, et lorsque l'embarquement fut terminé, Charles fit annoncer que le siége d'Alger était remis à l'année suivante, et l'on fit voile pour Bougie.

Mais ce n'était pas encore là le terme des calamités dont fut frappée cette vaillante armée

A peine la flotte se fut-elle élancée sur les flots de la mer qu'une violente tempête s'éleva et dispersa tous les vaisseaux, qui purent avec peine trouver un refuge — après avoir couru mille dangers.— soit en Italie, soit en Espagne.

Charles-Quint aborda dans le port de Bougie, où les vents contraires le retinrent plusieurs semaines. Sa flotte avait éprouvé de nombreuses avaries, parmi lesquelles on eut à regretter la perte d'un vaisseau avec quatre cents hommes.

Ainsi se termina cette malheureuse expédition, dont le succès eût amené les résultats les plus brillants et les plus heureux pour la marine européenne. Le Ciel, sans doute, réservait à notre belle et valeureuse patrie l'honneur d'une si éclatante victoire, et le XIXe siècle eut enfin la gloire de renverser les obstacles contre lesquels ont vainement lutté les héros des temps qui nous ont précédés.

Naufrage du navire la NATHALIE dans les mers du nord; 1826.

Le 25 avril 1826, un beau navire appareilla dans le port de Granville, puis il mit à la voile et bientôt on le vit partir frais et léger, voguant à plein vent vers l'île de Terre-Neuve où se trouve cette immense quantité de morue qui approvisionne tous les pays qui en font le commerce. Tout faisait présager une heureuse traversée; mais le ciel en avait autrement décidé, car le 29 mai, alors que le navire se trouvait par les 51° 3' de latitude nord, et 56° 58' de longitude ouest, il fut tout à coup ébranlé et presque brisé par le choc d'une glace qu'il venait d'aborder. En ce moment l'effroi et la consternation s'empara de tous les passagers. La confusion fut générale; des cris et des lamentations retentissaient de toutes parts.

Un malheureux père tenait son fils, très jeune encore, entre ses bras, et dans la stupeur que lui causait la vue de la mort, qu'il redoutait moins pour lui que pour son enfant, il poussait vers le ciel des cris si déchirants que tous les cœurs en étaient navrés de douleur.

Cependant le danger devint plus imminent, et bientôt il fut aisé de voir que tout espoir de salut était éteint.

Alors toutes les mains crispées de terreur, s'élevaient tremblantes vers le ciel; c'était la prière de l'agonie, car vers les huit heures du soir, le vaisseau fit entendre un long et lugubre gémissement, puis il disparut sous les flots qui s'agitèrent long-temps après en vastes et nombreuses ondulations, comme un triste linceuil que le vent agite sur un cadavre inanimé.

Après avoir été arrachés à la mort comme par miracle, le capitaine Houiste et Potier son compagnon, se trouvèrent soumis à la puissance des plus cruels tourments. Ils étaient placés sur un morceau de glace, où ils passèrent le jour et la nuit presque nus et privés de toute nourriture.

Le lendemain ils aperçurent un bâtiment nommé *la Louisa*; cette vue leur donna un peu d'espérance mais elle fut de courte durée, car le bâtiment ne tarda pas à disparaître à leurs regards consternés.

« Ah! monsieur Houiste, s'écria alors Potier d'une voix lamentable, plus d'espoir! Il nous faut périr de froid et de faim; moi qui étais si heureux chez le maître que je servais depuis plusieurs années; que n'y suis-je resté! »

Quelque découragé que fût le capitaine Houiste lui-même, il chercha dans son cœur des paroles d'encouragement pour le pauvre Potier. Ils passèrent deux nuits sous l'influence d'une pluie abondante et glacée. La faim — ce cruel fléau — les ourmentait et affaiblissait les forces dont ils avaient un si grand besoin.

Le 1er juin, ils virent la botte d'un pêcheur passer non loin de l'endroit où ils étaient accroupis sur la glace comme deux victimes qui attendent la mort.

Oh ! que cette botte eût été pour ces infortunés un délicieux aliment ! Mais hélas, cette misérable ressource leur échappa encore, car il leur fut impossible de l'atteindre avec leurs avirons, et ils n'osèrent l'aller chercher à la nage.

Qu'on juge de la position de ces deux malheureux ! Le jour la faim dévorait leurs entrailles ; la glace était leur unique aliment ! La nuit c'était le froid qui les torturait sans relâche et sans pitié !

Cependant le Ciel, qui n'abandonne pas ceux qu'il éprouve par la souffrance, entendit la voix de leurs tristes gémissements. Il leur envoya un secours bien précieux. La brume qui les enveloppait de toutes parts depuis quelques jours finit par se dissiper ; alors ils virent les débris de la *Nathalie*, et parmi ces tristes débris une cage à poules. Une petite glace était tout près d'eux, le capitaine y pratiqua un trou avec un couteau pour placer un aviron, et se hasardant sur ce dangereux canot qu'il venait d'improviser, il fut assez heureux pour atteindre la cage dans laquelle se trouvaient quatre poules noyées. C'était une fortune pour nos deux naufragés! Aussi quelle ne fut pas leur joie à la vue de ce bienfait, dont ils ne manquèrent pas de remercier la bonté divine! M. Houiste dévora aussitôt une cuisse de poule; c'en fut assez pour lui donner tout le courage dont il avait besoin pour retourner auprès de son compagnon qui, le voyant manger, lui criait d'une voix lamentable : « Ah! monsieur Houiste, je vous en supplie, au nom de Dieu, apportez-moi à manger. Oh! vite, vite, par pitié! Quand ils furent réunis, les deux infortunés achevèrent de dévorer la poule sans se donner la peine de la plumer. Jamais ils n'avaient fait un repas si délicieux!

Ils trouvèrent encore une barrique de cidre mêlée d'eau de mer; mais dans leur triste situation cette boisson leur parut aussi un véritable trésor.

Quelque temps après ils virent dans le lointain une petite chaloupe; ils dirigèrent la glace qui les portait vers cet endroit, et bientôt ils se trouvèrent dans cette chaloupe, où ils avaient de l'eau jusqu'à la ceinture; cependant à force de travail ils purent la manœuvrer quoique très difficilement. Alors ils se rappelèrent qu'ils avaient vu à une petite distance de là un de leurs malheureux compagnons étendu sur une glace, où il semblait à peine pouvoir donner signe de vie. Ils dirigèrent leur chaloupe vers lui, et bientôt ils l'atteignirent et le prirent avec eux. C'était le nommé Julien Joret, matelot de la *Nathalie*. Un morceau de poule que lui fit avaler le capitaine, lui rendit bientôt un peu de force, et il recouvra l'usage de la parole.

La brume vint de nouveau ensevelir nos trois naufragés. Elle dura quatre jours, c'était quatre siècles pour eux! Aussi avec quelle économie ils partageaient les deux poules qui leur restaient; pas un os n'était jeté. Une cuisse, une aile, une patte faisait un repas pour trois. Une aile pour trois personnes c'était bien peu pour un jour! pourtant il fallait s'en contenter. Celui qui avait la patte la mangeait jusqu'aux os. Potier ne pouvait avaler les os, ils les mâchait et les donnait à ses compagnons qui les avalaient sans difficulté ; mais à la fin Potier finit par manger aussi les os comme les autres. Quelle triste situation ! Et pourtant elle devait devenir encore plus terrible !

Bientôt les provisions leur manquèrent. Des quatre poules noyées, il ne restait plus rien !... Encore s'ils avaient pu rencontrer quelqu'un de ces loups-marins qu'on voit errer dans ces parages désolés ; avec leurs avirons ils auraient pu le tuer, mais ils n'en virent pas un seul paraître.

Il fallait donc mourir de misère et de faim, loin de sa famille, abandonné de la nature entière. Quelles tristes et accablantes pensées ! Pas même un arbre sous lequel ils pussent rendre leur dernier soupir. Telles étaient les pensées qui occupaient les cœurs de ces trois infortunés. Alors vint le sombre désespoir qui tourmente et qui tue; mais ils prièrent Dieu de toute leur âme; cela leur fit du bien, et ils s'abandonnèrent de nouveau à la Providence
Dont la bonté s'étend sur toute la nature.

Pendant de bien longs jours, M. Houiste et ses

compagnons errèrent ainsi sur la mer, transportés de glace en glace, tantôt prêts à mourir de faim, de froid et de douleur, tantôt exposés aux périls les plus épouvantables. Combien de fois par jour la mort se présenta à leurs yeux, hideuse et cruelle sur le bord des gouffres qui mugissaient sous les morceaux de glace qui les portaient !

Cependant le 17 juin arriva. Ce fut un jour de bonheur pour les trois naufragés. Le ciel lui-même parut se disposer à la joie; il était pur et serein, le soleil étalait ses rayons dorés sur la surface de l'Océan.

Ce jour-là M. Houiste aperçut la terre. L'espérance revint aux cœurs des trois infortunés. Ils redoublèrent de courage et d'activité, ils dirigèrent tous leurs efforts vers ce lieu, qu'ils regardèrent comme le terme de toutes leurs douleurs. Mais au moment de toucher à ce port tant désiré, la glace qui porte les trois naufragés se casse en deux parties ; à la vue de ce danger ils se serrent en forme de cercle. Dans cette situation ils purent se maintenir quelque temps sur leur glace fendue, qu'ils faisaient mouvoir en la poussant du pied contre les aspérités dont elle était hérissée. Enfin ils atteignirent la terre. Ils tombèrent affaiblis sur l'herbe où ils dormirent quelque temps ; mais leur réveil fut terrible. Joret était aveugle, et Potier ne pouvait plus faire aucun mouvement, M. Houiste seul possédait encore un peu de force; il se traîna vers le *plain*, où il emplit son chapeau de moules qu'il fit manger à ses compagnons, ce qui les ranima un peu.

Le 17 juin, une nouvelle espérance vint réchauffer leurs cœurs de nouveau tombés dans la torpeur du désespoir. Joret recouvra la vue, et ce fut lui qui le premier découvrit la goëlette anglaise, qui ayant aperçu leurs signaux, se dirigea de leur côté et vint les délivrer enfin de tous les dangers qu'ils avaient courus et des douleurs dont ils avaient été accablés.

Le vaisseau le JACQUES en proie à une famine extraordinaire ; en 1558.

Parmi tous les fléaux auxquels sont exposés les navigateurs, il n'en est pas de plus terrible que la famine. En voici un exemple bien frappant et bien digne d'exciter tout l'intérêt des cœurs sensibles aux malheurs des pauvres marins qui, pour leurs concitoyens, vont affronter tous les périls que l'on rencontre sur les mers.

En 1555, la France forma un établissement sur la côte du Brésil, à l'endroit où se trouve aujourd'hui Rio-Janeiro. Nicolas Durand de Villégagnon, vice-amiral de Bretagne, a été le fondateur de cette colonie, composée de catholiques et de protestants.

Quelques-uns des colons — parmi lesquels se trouvait Jean de Léry — mécontents des procédés du gouverneur de l'établissement, résolurent de revenir en France. Ils s'embarquèrent sur un vaisseau nommé *le Jacques*, et firent voile pour leur patrie.

Mais comme le pilote n'entendait que très imparfaitement les manœuvres, il ne put observer la route, et le vaisseau, après avoir long-temps erré au milieu des mers, se trouva au tropique du Cancer, bien loin de la France. Pendant quinze jours, il se traîna dans ces parages, ayant à lutter contre les obstacles opposés par l'immense quantité d'herbes qui poussent dans cette mer. Ces herbes croissent si épaisses et si serrées que pour les franchir, il faut les couper pour se frayer un passage.

Un autre malheur vint se joindre à cette triste position : *le Jacques* percé par les vers qui l'avaient rongé, faisait de l'eau de toutes parts, et bientôt il fut presqu'impossible de suffire à l'épuisement des flots qui menaçaient d'encombrer toutes les parties du vaisseau.

Plusieurs mois se passèrent dans cette cruelle alternative.

Le capitaine annonça enfin que la ration de vivres était diminuée de moitié, puis au bout de quelques jours, il déclara qu'ils étaient entièrement épuisés. Et pourtant le *Jacques* était toujours retenu par les herbes et assailli par les eaux, qui d'un instant à l'autre pouvaient l'envahir et le submerger.

Le pilote crut d'abord qu'il était près du Cap Finistère en Espagne; mais, fatale erreur! Il s'en trouvait éloigné au moins de trois cents lieues. Quelle déception pour des passagers affamés!

Dans cette position, placés au milieu d'une mer en courroux, éloigné de la terre et de tout secours, les pauvres voyageurs du *Jacques* virent arriver la famine, et le plus cruel de tous les tourments, la faim! Pour dernière ressource on n'avait plus que les restes de biscuits de mer restés dans la soute, chambre platrée où se mettent ces sortes de provisions. On la fit donc balayer, et de la poussière mêlée de vers; de crottes de rats et de miettes de pain, on fit une bouillie aussi noire et plus dégoûtante que la suie. Les perroquets que les passagers avaient recueillis au Brésil furent dévorés jusqu'aux os et jusqu'aux intestins. A chaque instant on voyait quelqu'un tomber mort de faim. Quel lugubre tableau ! Tout le monde était d'une maigreur telle que ceux-là qui était les moins affaiblis ressemblaient à des squelettes sortis des tombeaux. On eut dit une troupe de fantômes placés sur un îlot debout et chancelant sur la surface des flots agitée par le vent. Pour se nourrir on fut réduit à couper par morceaux des collets de maroquin et des souliers de cuir. Il y en eut qui dévorèrent des lambeaux de rondelles, faits de la peau d'un animal nommé *tapirousson*. Enfin, on fit la chasse aux rats et aux souris, que l'on faisait bouillir dans l'eau, et dont on mangeait jusqu'aux intestins. Une souris était là plus estimé qu'un bœuf sur la terre. Quelle triste et éloquente leçon pour ceux qui sont prodigues des biens que Dieu leur envoie ! Bientôt l'eau manqua aussi, et il ne resta plus pour toute boisson qu'un petit tonneau de cidre, qui fut bien vite épuisé, et comme on ne pouvait boire de l'eau de mer sans se donner la mort, on étendait des draps pour recueillir la pluie quand elle tombait. On allait jusqu'à retenir l'eau des égouts du vaisseau, et on la buvait quoiqu'elle fût bien plus sale que celle des ruisseaux des rues.

Enfin la faim et la soif exerçaient une telle influence sur les pauvres passagers du *Jacques*, que chacun d'eux avait sans cesse à lutter contre le cruel et criminel désir de manger ses compagnons. Il ne fallait rien moins que la crainte de Dieu pour les retenir.

Cependant le Ciel qui ne délaisse pas ceux qui ont confiance en lui, mit enfin un terme à tant et de si cruelles douleurs. Le *Jacques* arriva en vue des terres de Bretagne, le 24 mai 1558. Des secours furent donnés avec beaucoup d'empressements aux malheureux débarqués. Mais quelle que fût la bonté du régime auquel chacun d'eux fut soumis, cela n'empêcha pas que la plupart ne devinssent enflés presque partout le corps. Ils étaient sourds et presque aveugles, et ce ne fut que par les plus grands soins qu'on put leur rendre l'usage de la vue et de l'ouïe.

Le Capitaine Woudard, et ses compagnons.

Captivité du capitaine David Wondard, et de quatre de ses compagnons, dans l'île des Célèbes, située sous la ligne équinoxiale.

———

Le capitaine David Wondard s'embarqua, au mois de janvier 1793, sur le vaisseau américain l'*Entreprise*, et fit voile pour Batavia, en passant par Manille.

Arrivé au détroit de Macassar, le vent devint défavorable; le vaisseau resta pendant six semaines à battre inutilement les mers, et bientôt on manqua de provisions. Le capitaine Habbard qui savait qu'un navire était situé non loin de l'*Entreprise*, y envoya le capitaine Wondard pour acheter des vivres.

Wondard partit le 1ᵉʳ mars à midi et demi, ayant avec lui cinq matelots. Leur embarcation n'avait ni provisions, ni eau, ni boussole. Elle possédait pour toutes armes une gaffe, une hache, deux couteaux, un fusil hors de service et une somme de quarante dollars.

Quand le capitaine Wondard eut atteint le vaisseau qu'il cherchait, il exposa à son commandant l'objet de sa mission, mais celui-ci ne put accueillir sa demande, attendu qu'il n'avait de provisions que pour un mois. Comme la nuit était venue, et que le temps était très mauvais, Wondard demeura dans le navire où il se trouvait, et le lendemain, à l'aide d'un canot qui lui fut confié, lui et ses compagnons cherchèrent à rejoindre l'*Entreprise* qui avait disparu.

Battus par les vents contraires qui s'élevèrent, ils perdirent bientôt leur route, et malgré tous les signaux qu'ils essayèrent à plusieurs reprises, ils ne purent se faire apercevoir par l'équipage de leur vaisseau.

Pendant six jours ils voguèrent à l'aventure, et le septième jour ils reconnurent qu'ils étaient tout près de la côte des Célèbes qu'ils virent distinctement. Ils descendirent sur cette terre dans l'espoir d'y rencontrer des vivres et un asile, mais ils n'y trouvèrent que de mauvais traitements et bientôt la captivité, ainsi que je vais le raconter.

Lorsqu'ils furent descendus sur la côte des Célèbes, le capitaine Wondard proposa à ses compagnons d'aller faire une provision de cocos. Millar, l'un des deux matelots anglais resta pour garder le canot.

Au moment où le capitaine Wondard allait terminer son travail pour emporter ses provisions, ses oreilles furent tout à coup frappées par des cris terribles dont il fut effrayé ainsi que ses compagnons. C'était Millar qui, surpris par les Malais, peuple qui habite ces contrées, poussait des cris déchirants en appelant à son secours. En arrivant sur le rivage, un spectacle épouvantable se présenta aux regards de Wondard. Sa chaloupe était envahie par les sauvages, et près de là le malheureux Millar étendu sur le dos au bord de l'eau. Son cou était coupé; il avait reçu deux coups de poignard, l'un au côté droit et l'autre à la jambe gauche; sa main gauche était posée sur sa poitrine, et la droite à côte de lui.

Tremblant pour lui et pour ses compagnons, le capitaine s'enfuit avec eux, et ils s'enfoncèrent dans les bois et dans les montagnes; mais là d'autres dangers les attendaient. C'était d'un côté la faim et de l'autre les animaux féroces, contre lesquels ils avaient sans cesse à lutter.

Au bout de quelques jours de marches inutiles à travers les vastes montagnes de ce pays, après avoir couru des dangers de toute nature, et sans cesse renaissants, David Wondard comprit enfin qu'une lutte plus longue serait illusoire et dangereuse; dès lors il conçut la pensée de s'abandonner à la merci des naturels du pays. Il fit part de ce projet à ses compagnons qui y consentirent, excepté un seul qu'il fallut contraindre à suivre ce parti.

Lorsqu'ils furent arrivés sur la plage, ils virent trois filles qui s'enfuirent à leur aspect, et environ un quart d'heure plus tard trois hommes armés de cresses, espèces de poignards, vinrent à leur rencontre. Wondard s'avança vers eux, et tombant à leurs genoux, il implora leur miséricorde pour lui et pour ses compagnons. Les naturels les regardèrent fixement pendant plus de dix minutes, après quoi l'un d'eux, rangainant son arme, s'avança et vint aussi s'agenouiller en face du capitaine et lui offrit ses deux mains comme on le fait dans ce pays. En ce moment, vingt autres naturels arrivèrent avec un de leurs chefs. Wondard et ses compagnons furent dépouillés de leurs vêtements, et dès lors commença leur captivité.

Après environ quatre mois de séjour dans l'île des Célèbes, David Wondard sentit toute la pesanteur d'un joug si barbare que celui auquel lui et ses compagnons étaient soumis, une nuit il se sauva, et ayant trouvé un petit canot sur le rivage il s'enfuit; mais bientôt son embarcation fut submergée par les flots, il fut donc contraint de regagner à la nage, et pendant la nuit, la prison qu'il avait un instant abandonnée.

Cependant il ne se découragea pas, et après plusieurs tentatives périlleuses et inutiles, il parvint enfin à se sauver avec ses amis d'infortune. Enfin après huit jours de pénible navigation sur un petit canot qu'ils se firent avec des branches, quelques planches et d'autres débris qu'ils purent secrètement ramasser et assembler, ils arrivèrent à Macassar, dont le gouverneur les mit à même de retourner à Batavia.

Le commandant Blegigh délaissé au milieu de la mer par suite de la trahison et de la révolte de son équipage.

Vers le commencement de 1787, le gouvernement anglais ayant résolu d'enrichir ses colonies de l'arbre à pain, ou jaquier à feuilles découpées, envoya une expédition dans l'Otaïti, dont le sol donne cette belle production.

En conséquence, un vaisseau de 250 tonneaux fut confié au commandement de Bligh. Il partit, et deux ans s'étaient à peine écoulés qu'il était déjà prêt à opérer son retour.

Mais lorsqu'il se disposait à mettre à la voile,

un complot se forma contre sa liberté, et le 28 avril, avant le jour, Fletcher Christian, *Master*, à qui Bligh avait donné une commission de lieutenant, le capitaine d'armes, l'aide-canonnier et un matelot entrèrent dans sa chambre, le garottèrent, en le menaçant de la mort s'il faisait la moindre résistance, puis on le jeta dans une chaloupe avec dix-huit autres passagers destinés à courir avec lui les dangers auxquels il allait être exposé.

Après un jour et une nuit passés à courir les mers sur une embarcation que la moindre secousse pouvait livrer à la fureur des flots, les malheureux délaissés aperçurent l'île de Timor; alors les provisions commençaient à diminuer d'une manière effrayante; il fallut donc diminuer les rations à la plus chétive quantité. Mais les passagers jurèrent de ne prendre que ce que leur donnerait leur intrépide commandant, qui ne cessa de donner les preuves du plus grand courage et du plus rare désintéressement. Bientôt ils débarquèrent dans une île inconnue, à laquelle ils donnèrent le nom de Restaurante, parce qu'ils y avaient trouvé quelques provisions d'huitres et d'eau.

Cependant après une navigation de deux mois, un changement total s'opéra sur la physionomie des passagers. Leurs regards étaient devenus hagards, la faiblesse la plus extrême jointe à l'enflure des jambes et d'une grande partie du corps, excitèrent dans l'âme de chacun de ces malheureux un sentiment de tristesse qui pouvait avoir les suites les plus sérieuses. La mort semblait peinte sur tous les traits. Il était temps que l'on arrivât à quelque endroit où l'on pût trouver des secours.

Enfin le Ciel récompensa l'intrépide courage de Bligh et le dévouement de ses malheureux compagnons. Le 24 octobre, ils arrivèrent à Coupany, une des îles de Timor où se trouve la meilleure rade.

Là, Bligh trouva la fin de ses maux, et après une navigation de 1200 lieues, lui et ses compagnons purent rejoindre l'Angleterre, où ils furent reçus avec tout l'intérêt qu'excita leur triste aventure.

Naufrage de la chaloupe du vaisseau français le TAURUS, dans une des baies, près du Cap-Vert ; 1665 : et dévouement extraordinaire d'un missionnaire français.

Une flotte française, composée des vaisseaux le *Saint-Paul*, le *Taureau*, la *Vierge*, le *Bon-Port* et l'*Aigle-Blanc*, arriva en vue du Cap-Vert, le 3 mars 1665. Alors quatre chaloupes, chargées d'officiers, de soldats et de matelots, se dirigèrent vers la côte où les attendait un grand nombre de nègres.

M. Bossordée, vénérable missionnaire, sachant que ces jeunes gens devaient passer plusieurs jours sur la côte, s'offrit à les accompa-

Monsieur Royer dée missionnaire.

gner, tant pour les contenir au besoin, que pour leur administrer des secours spirituels si l'occasion s'en présentait; ce qui ne tarda pas à avoir lieu; car plusieurs de ces jeunes étourdis s'étant amusés à se pousser les uns les autres livrèrent la chaloupe aux coups d'une vague qui la renversa.

A la vue de cet accident, le bon missionnaire comprit toute l'imminence du péril, et il se disposa à exercer le seul dévouement que Dieu mettait alors en sa puissance.

Cet homme, vraiment apostolique, voyant qu'ils étaient trop éloignés du rivage pour espérer aucun secours, résolut de sacrifier sa vie pour sauver celles des autres, ou au moins pour les préparer à mourir en chrétiens. Malgré toute son habileté à nager, il ne pensa pas à se sauver, mais il déploya tout son courage et toute son adresse pour le salut de ses compagnons d'infortune. Il s'élança au milieu d'eux, leva la tête au dessus des flots, et se souvenant que c'était alors la semaine sainte, il leur parla de la mort de Jésus-Christ et des souffrances qu'il endura pour sauver le genre humain :

« Mes amis, s'écria-t-il, souvenez-vous qu'à ce moment terrible où la mort nous environne de toutes parts, une seule pensée doit occuper nos cœurs, celle de demander à Dieu le pardon de nos offenses par un acte de la plus sincère contrition ; » puis le bon prêtre ajouta qu'il allait leur donner l'absolution, et les engagea à offrir au Ciel le sacrifice de leur vie.

En effet, il donna l'absolution avec des paroles si touchantes, avec une effusion et une onction si profonde que tous en furent touchés jusqu'au cœur. Puis s'avançant avec ardeur vers ceux qui paraissaient perdre courage, il les soutenait alternativement au dessus des flots, tout en les engageant à mettre toute leur espérance en la miséricorde du Seigneur.

C'est ainsi que ce saint missionnaire lutta pendant deux heures contre les flots de la mer, exerçant son ministère avec un courage, une intrépidité sans exemple. Mais enfin ses forces l'abandonnèrent et le martyr de la charité, les lèvres collées sur le crucifix qu'il portait, disparut sous les eaux où il trouva la mort des justes.

Emmanuel Sousa.

Naufrage d'Emmanuel Sousa sur les côtes orientales de l'Afrique, en 1550, et fin malheureuse de sa femme et de ses enfants, en 1553.

C'était un vaillant soldat qu'Emmanuel Sousa, aussi jouissait-il dans le Portugal, sa patrie, d'une brillante réputation qu'il avait justement acquise par sa valeur. C'était d'ailleurs un seigneur issu des plus nobles et des plus anciennes familles de sa nation.

Vers le milieu du xvie siècle, Sousa commandait une des plus importantes citadelles de l'Inde, celle de Dieu, poste qui n'avait jamais été confié qu'à des officiers d'une bravoure reconnue.

Mais bientôt l'amour de sa patrie, le désir de la revoir se réveillèrent dans son cœur, et il résolut de quitter les Indes avec sa famille. Alors il s'embarqua au port de Cochin, puis il partit accompagné de sa femme, Eléonore Garcie, fille de Sala, général des Portugais dans les Indes, et de ses enfants. Le vaisseau portait toutes les richesses de Sousa et celles des officiers qui composaient sa suite. L'équipage se montait au nombre de six cents personnes.

On partit le 13 avril, et bientôt on arriva sans dangers au cap de Bonne-Espérance. Mais là une violente tempête s'éleva au sein de la mer; des éclairs effrayants enflammaient le ciel et les eaux; le tonnerre grondait avec un fracas épouvantable, tandis que le vent roulait des montagnes d'eau qui s'élevaient à une prodigieuse hauteur. Bientôt les matelots demeurèrent impuissants à manœuvrer le vaisseau qui faisait eau de toutes parts. Les bras ne pouvaient plus suffire à son épuisement. Enfin, après avoir été battus plusieurs jours par les flots, le navire alla échouer sur des rochers. C'était le 24 juin.

Sousa, sa femme et ses enfants ayant ramassé leurs objets les plus précieux, se jetèrent dans une chaloupe, et bientôt ils furent assez heureux pour gagner le rivage.

Il n'en fut pas de même des autres passagers car les embarcations ayant été pour la plupart brisées contre les rochers, tous furent contraints de se jeter à la nage dans l'espoir de gagner la terre, et plus de trois cents personnes trouvèrent la mort dans les flots.

Comme l'île dans laquelle ils étaient ne produisait aucune chose utile à la vie, les naufragés résolurent d'aller rejoindre le fleuve du Saint-Esprit, où ils arrivèrent après avoir traversé cent lieues de chemin presque sans boire ni manger. Mais comme ce fleuve a trois bras ils ne se reconnurent pas. Ils avaient déjà marché quatre mois errant de contrée en contrée, lorsqu'ils se trouvèrent en face d'une troupe de Cafres qui vinrent droit à eux. Ceux-ci pour tromper nos voyageurs trop confiants les reçurent avec toutes les démonstrations de la plus sincère sympathie. Ils les conduisirent à leur chef de tribu. Ce dernier affectant encore un air de plus grande bonté, leur promit sa protection ; mais il fit observer à Sousa que les lois du pays exigeaient que ceux à qui l'on donnait l'hospitalité déposassent leurs armes, pour donner aux habitants de la contrée toute garantie sur les intentions de leurs protégés.

Malgré les prudentes observations de sa femme, Sousa se laissa prendre à ce piége tendu à sa crédulité.

Mais il eut bientôt lieu de s'en repentir, car dès que lui et tous ses compagnons eurent cédé à ce vœu du chef des Indiens, ceux-ci se précipitèrent sur eux, les dépouillèrent de tous leurs vêtements, et massacrèrent ceux qui essayèrent d'opposer la moindre résistance,

La femme de Sousa se voyant ainsi dépouillée et exposée aux regards de tout ceux qui l'entouraient, alla, par pudeur, se jetter dans un fossé où elle s'enterra dans le sable, bien résolue de n'en pas sortir. Dans cette cruelle situation, la pauvre femme tournait sans cesse ses yeux mouillés de larmes vers son époux et ses pauvres petits enfants exposés aux injures du temps et à la faim la plus cruelle. Sousa, à la vue de ce triste spectacle, résultat de son imprudence, était resté debout, immobile de chagrin et de stupeur. Quel triste tableau pour un père qui voit ses petits enfants tout nus et les yeux humides de larmes, tournés vers lui comme pour lui demander du pain!

Lorsque les Cafres furent partis, Sousa courut de tous côtés pour tacher de découvrir quelques fruits qui pussent du moins prolonger la vie de sa femme et de ses enfants. Mais nu, sans armes, que pouvait-il trouver dans un pays dévasté par les sauvages et brûlé par les feux du soleil?

A son retour il eut la douleur de trouver sa femme et ses pauvres enfants morts de faim et de soif. Quel désespoir pour un père qui perd en un seul jour tout ce qu'il a de plus cher sur la terre! Cependant Sousa eut encore le courage de donner la sépulture à toute sa famille, puis il disparut, et jamais on ne sut ce qu'il était devenu.

Quant à ses autres compagnons, après avoir longtemps erré dans ces tristes contrées solitaires, ils furent tous réduits en esclavage, et plus tard rachetés par un marchand portugais, au prix de quatre sestères.

Earle peintre anglais.

Earle, peintre anglais, délaissé dans l'île de Tristan-d'Acunha, en 1824.

Monsieur Earle partit pour le Bengale vers 1824, porté par un vaisseau anglais qui, faute de soins, perdit ses provisions lorsqu'il n'avait encore parcouru qu'une partie de sa traversée. Comme on se trouvait assez près de l'île d'Acunha, on y fit aborder le vaisseau pour renouveler les approvisionnements.

Tristan-d'Acunha est une île qui a environ cinquante mille de circonférence—seize à dix-sept lieues—elle tire son nom d'une montagne en forme de cône et toujours couverte de neige. Elle est composée d'une masse de rochers dont la hauteur n'a pas moins de trois cents cinquante mètres. Sa position se trouve par 37° 5' de latitude sud, et 15° de longitude ouest. Le pic de la montagne, caché dans les nuages, est environné d'une épaisse forêt. Les Hollandais la découvrirent sous le xviie siecle.

M. Earle, muni de son album, accompagna les hommes de corvée, et tandis que ceux-ci ramassaient des vivres, l'intrépide artiste courait de site en site pour enrichir les brillants produits de son pinceau.

Il est vrai que l'île d'Acunha est une mine précieuse pour un peintre, car chaque pas offre à l'œil curieux une de ces beautés qui font palpiter le cœur d'un artiste.

M. Earle marcha long-temps dans les vastes et silencieuses solitudes d'Acunha, oubliant les heures qui fuyaient, pour ne s'occuper qu'à méditer, à étudier et à imiter les beautés de la nature. Mais bientôt un cruel souvenir vint réveiller sa mémoire; il se rappela son isolement, il pensa au vaisseau; puis une effrayante pensée traversa son esprit ; un funeste pressentiment s'empara de son âme.

Une sueur froide inondait son visage; il se précipita vers un pic voisin, d'où il put découvrir la plage et la baie; mais hélas! tout était désert et silencieux comme l'antre de la mort. Le vaisseau avait disparu, il était déjà bien loin sur la mer, voguant et inclinant ses voiles sous la puissance des flots furieusement agités, comme pour dire un dernier adieu au pauvre artiste abandonné au sort le plus cruel.

En proie au plus violent désespoir, l'œil hagard et inondé de larmes, le malheureux jeune homme resta longtemps comme cloué à la même place. Puis il regarda le ciel et se résigna à mourir. Cependant il descendit de la montagne et se mit à marcher au hasard dans la campagne; mais arrivé au penchant d'un riant coteau il s'arrête tout à coup comme frappé d'une vision. Il se frotte les yeux, il croit rêver, une cabane, une cheminée se présentent devant lui ; il s'approche, un chien aboie, une porte s'ouvre à son aspect; il entre, et soudain un homme vient a lui et lui adresse la parole en anglais.

« Dieu ! s'écrie l'artiste, je ne me suis pas trompé, je trouve un compatriote, le ciel a eu pitié de son serviteur. »

En effet, M. Earle se trouvait chez le seigneur d'Acunha, au nom de sa majesté Britanique. Les deux inconnus s'embrassent; une femme et un enfant viennent compléter la scène, et l'artiste a trouvé une famille là où il ne s'attendait qu'à rencontrer la mort la plus triste et la plus affreuse.

Il vécut quatorze années avec ses hôtes, heureux de leur amitié et constamment occupé à enrichir son album de précieux croquis et à apprendre à lire et à écrire au petit enfant qui l'aimait comme son frère. Au bout de ce temps, M. Earle ayant trouvé un vaisseau qui faisait voile pour l'Angleterre, embrassa ses hôtes avec larmes, puis il partit et arriva heureusement au sein de sa famille qui le croyait perdu pour toujours.

Les naufragés de la Méduse.

Naufrage de la frégate la MÉDUSE.

Personne n'ignore l'histoire du naufrage de la *Méduse*? On sait que ce fatal événement a eu lieu au commencement de ce siècle et que l'on voit encore quelques-uns des hommes qui lui ont survécu raconter eux-mêmes les particularités de ce cruel sinistre, dont le souvenir est un objet d'effroi pour tous ceux qui sont sensibles aux malheurs de leurs semblables.

La frégate la *Méduse* ayant été destinée à faire une expédition, partit de l'île d'Aix le 17 juin 1806, pour le Sénégal, portant à son bord le gouverneur de l'établissement de ce pays. Le 2 juillet, la *Méduse* se trouva en vue du cap-Blanc, et le même jour elle alla se jeter contre le banc d'Arguin. Une forte secousse avertit les passagers que la frégate avait touché l'écueil. Dès lors la consternation fut générale, mais ce qui augmenta le plus les dangers de cette terrible position, ce fut sans contredit le désordre, la confusion et l'insubordination qui regnèrent tout à coup à bord du vaisseau, dont la perte était inévitable. Dans cette cruelle alternative un conseil fut assemblé. Alors le gouverneur du Sénégal fit le plan d'un radeau qui devait sauver tous les passagers, en les conduisant à la côte du Désert d'où on eût pu aller rejoindre l'Ile-Saint-Louis ; mais malheureusement cet avis salutaire ne fut pas suivi, et cette première faute attira tous les malheurs dont nous allons donner une idée succincte.

Le 4 juillet, on se disposa à abandonner la frégate. On fit un choix des provisions les plus indispensables, on prit ensuite toutes les mesures nécessaires pour assurer et effectuer avec ordre l'embarquement de tous les passagers, mais cette dernière précaution ne fut pas observée, et bientôt chacun chercha à se sauver par les moyens qu'il crut les plus sûrs et les plus favorables.

Cent quarante-huit personnes furent placées sur le radeau que le gouverneur avait fait construire. Le reste de l'équipage fut distribué sur les chaloupes de la frégate. Le radeau devait être remorqué par les embarcations : mais il n'en fut pas ainsi, car les officiers qui avaient fait le serment de faire exécuter les manœuvres, par des circonstances indépendantes de leur volonté, ne purent accomplir leur promesse ; aussi quelle ne fut pas la douleur des malheureux portés par le radeau — sur lequel ils pouvaient à peine se soutenir faute de place — lorsqu'ils se virent abandonnés par les embarcations qu'ils ne tardèrent pas à perdre de vue.

Bientôt les naufragés, qui étaient descendus sur le radeau sans avoir mangé, sentirent la faim qui dévorait leurs entrailles, puis la nuit arriva plusieurs fois sans apporter l'espoir d'un jour meilleur. La mer était violemment agitée et à chaque instant des cris de terreur se faisaient entendre, puis on voyait des malheureux tomber sur le bord du radeau et disparaître pour toujours sous les flots qui leur servaient de sépulture. La discorde vint augmenter l'horreur de cette position. La faim, le découragement, le désespoir s'emparèrent de la plupart des passagers. Une lutte terrible s'engagea entre tous ces malheureux, et le lendemain, lorsque le jour vint éclairer cette scène de carnage et de douleur, on trouva que soixante compagnons d'infortune avaient péri, les uns par le fer et les autres par le désespoir; ceux-ci s'étaient jetés à la mer.

Six jours après le naufrage de la *Méduse*, les passagers exposés sur le radeau n'étaient plus qu'au nombre de trente, vingt seulement étaient encore capables de se tenir debout; mais ils étaient couverts de plaies, et les douleurs qu'ils en ressentaient, augmentées par l'eau de la mer, leur faisaient pousser des cris lamentables.

Cependant les vivres diminuaient d'une manière effrayante, et rien n'annonçait encore une prochaine délivrance. La mort était toujours là qui apparaissait terrible et menaçante. Les malheureux naufragés se regardaient les uns les autres avec des yeux mouillés de larmes et des sanglots gonflaient leurs poitrines oppressées par le poids de mille douleurs ; il ne leur restait plus que quelques bouteilles de vin et un très petit nombre de poissons.

Trois jours se passèrent dans cette cruelle alternative. Mais le Ciel eut enfin pitié de ces malheureux, car le 17 juillet leurs regards virent paraître à l'horison un navire qui semblait venir à leur secours. C'était l'*Argus*. Quel bonheur pour l'équipage de ce vaisseau de pouvoir sauver ces infortunés ; mais aussi quel triste tableau se présenta à ses regards. Quinze hommes viennent de tomber dans ses bras, mais leurs corps et leurs visages sont flétris et couverts de plaies hideuses. Dix peuvent à peine se mouvoir ; l'épiderme de tous leurs membres est enlevée, leurs yeux sont caves et presque farouches, enfin tout en eux inspire la douleur et la compassion.

Quant aux chaloupes dont nous avons parlé, elles échouèrent aussi avant d'arriver au port ; mais les passagers qui les montaient eurent le bonheur de se sauver.

Le 26 juillet une goëlette fut expédiée pour aller à la recherche de la *Méduse*. On espérait y retrouver des vivres et l'argent qui y avait été chargé ; mais ce ne fut que cinquante-deux jours après son abandon qu'on put l'atteindre. Quel fut l'étonnement de l'équipage, lorsque, arrivé à bord de la frégate, il trouva trois de ses passagers vivants, mais prêts à rendre le dernier soupir. Ces trois malheureux furent embarqués sur la goëlette, et bientôt, à force de soins, ils recouvrèrent la santé.

Quant aux quinze naufragés du radeau, ils furent ramenés en France, où leurs malheurs excitèrent la plus sincère sympathie.

La femme du marin.

Courage et générosité extraordinaires de Bousard de Dieppe, surnommé le *Brave-Homme*.

Vers la fin de l'année 1777, un navire chargé de sel et monté par huit hommes d'équipage, se dirigeait vers le port de Dieppe. Il venait de la Rochelle, d'où il était parti par un vent des plus favorables; mais au moment où il arrivait en vue du port, une violente tempête vint tout à coup soulever les flots de la mer. En un instant le ciel fut couvert de sombres nuages chassés dans les airs par un vent qui soufflait avec impétuosité. En ce moment un homme de haute stature s'avança vers la mer, et peu d'instants après on l'entendit parler, à l'aide d'un porte-voix, aux gens d'un navire que la tempête menaçait d'engloutir. C'était celui que nous avons signalé plus haut. Bousard essaya longtemps de faire entendre sa voix aux pauvres passagers occupés à lutter contre la fureur des flots, mais ses tentatives demeurèrent sans succès ; le navire était encore trop éloigné du rivage. Alors le courageux marin, voyant s'augmenter l'imminence du danger, s'élança dans la mer, et, malgré la force du courant, il ne tarda pas à atteindre le vaisseau qui périssait.

Une foule de monde était accourus sur la plage, pour être témoins du spectacle d'un si noble courage ! Chacun levait les mains vers le Ciel, pour le prier de récompenser tant de dévouement. Mais ce qu'il y avait de plus touchant au milieu de cette scène de désolation, c'était surtout de voir une pauvre mère, tenant entre ses bras une enfant, jeune encore, et poussant des cris lamentables vers le Ciel, en le suppliant de sauver son époux qu'elle voyait lutter contre les vagues de la mer. Dieu eut pitié de sa douleur, et il exauça ses vœux. Quant à Bousard, il parvint à sauver presque tout l'équipage. Longtemps il mit son courage à l'épreuve, et après avoir accompli sa sublime mission, il alla tomber sans force et sans mouvement au milieu de ceux qu'il avait arrachés à la mort.

FIN.

TABLE DES MATIÈRES.

Un mot à mes jeunes lecteurs. . . . . page 5

Naufrage des enfants de Henri 1ᵉʳ, roi d'Angleterre, et de la fleur de la noblesse de ce prince, en 1120, près de Barfleur. 9

Désastre de la flotte de l'empereur Charles-Quint, dans une expédition contre Alger, en 1541. 14

Naufrage du navire la *Nathalie* dans les mers du Nord; 1826. . , ... 19

Le vaisseau le *Jacques* en proie à une famine extraordinaire, en 1558. 28

Captivité du capitaine David Wondard, et de quatre de ses compagnons, dans l'île des Célèbes, située sous la ligne équinoxiale. 33

Le commandant Blegigh délaissé au milieu de la mer, par suite de la trahison et de la révolte de son équipage.	39
Naufrage de la chaloupe du vaisseau français le *Taurus*, dans une des baies du Cap-Vert, 1665 ; et dévouement extraordinaire d'un missionnaire français.	42
Naufrage d'Emmanuel Sousa sur les côtes orientales de l'Afrique en 1550, et fin malheureuse de sa femme et de ses enfants, en 1553.	45
Earle, peintre anglais, délaissé dans l'île de Tristan-d'Acunha, en 1824.	51
Naufrage de la frégate la *Méduse*.	55
Courage et générosité extraordinaire de Bousard, de Dieppe, surnommé le *Brave-Homme*.	61

FIN DE LA TABLE.

www.ingramcontent.com/pod-product-compliance
Lightning Source LLC
LaVergne TN
LVHW020952090426
835512LV00009B/1862